2022

AGENDA

Terapia

AgendaTerapia

Esta agendaterapia es una guía de autoayuda para que halles tu propósito, esa declaración personal que te llevará a alcanzar el máximo potencial en la vida. En esta ocasión, quiero que te inspires con preguntas poderosas, que te lleven a mirar tu interior para tener los resultados que siempre has esperado. Esta obra es para que agendes tiempo para ti, para conectar contigo y eleves tu ser.

Cada mes quiero acompañarte para que puedas enfocarte, obtengas estrategias de autoconocimiento, motivación, sanación y logres tus objetivos de este nuevo año. Hoy quiero regalarte esta cita de uno de mis maestros, Carl Jung: "Tu visión se hará clara solo cuando mires dentro de tu corazón. Quien mira afuera, sueña. Quien mira adentro, despierta". Hoy te invito a despertar con tu historia... porque la tuya, no importa qué, siempre será hermosa.

Con amor y gratitud,

Dra. Garissa M. Tolentino

Explora tu interior. No te límites. Desahoga tu verdad.

¿Cuál es el verdadero reto que te estanca de lo que deseas en tu vida?

¿Cómo vas a lograr tus metas en este nuevo año? ¿Qué harás diferente?

¿Para qué es importante lograr eso
que tanto deseas en la vida?

¿Cómo vas a lograr tus metas en este nuevo año? ¿Qué harás diferente?

¿A qué te comprometes en este año?

HAZLO
TODO
CON

Amor

#dalomejoryrecibiráslomejor

enero

Mo	Tu	We	Th	Fr	Sa	Su
					1	2
3	4	5	6	7	8	9
10	11	12	13	14	15	16
17	18	19	20	21	22	23
24	25	26	27	28	29	30
31						

ENERO

Hazlo todo con amor ...
Y tendrás la sabiduría de distinguir
lo bueno y lo malo.
El valor de dar el paso.
La honestidad para reconocer
cuando cometes un error.
La dignidad y la presencia
de disfrutarte el proceso.
La excelencia de tu grandeza,
de tus logros y resultados.
La compasión para llevarlos a cabo.
Puedes encontrar la pasión y el objetivo
de tu trabajo.
Hazlo todo con amor,
te aseguro que se transformará tu vida,
se transformará tu espacio.

¿Cómo es tu vida ahora?

¿Cómo te gustaría que fuera?

¿Qué puedes hacer para alcanzar tu vida ideal?

WEEKLY PLANNER

SUNDAY	MONDAY	TUESDAY

WEDNESDAY	THURSDAY	FRIDAY

SATURDAY	NOTE :

WEEKLY PLANNER

SUNDAY	MONDAY	TUESDAY

WEDNESDAY	THURSDAY	FRIDAY

SATURDAY	NOTE :

WEEKLY PLANNER

SUNDAY	MONDAY	TUESDAY

WEDNESDAY	THURSDAY	FRIDAY

SATURDAY	NOTE :

WEEKLY PLANNER

SUNDAY	MONDAY	TUESDAY

WEDNESDAY	THURSDAY	FRIDAY

SATURDAY	NOTE :

WEEKLY PLANNER

SUNDAY	MONDAY	TUESDAY

WEDNESDAY	THURSDAY	FRIDAY

SATURDAY	NOTE :

DATE :   GOAL :

  PRIORITIES :

                                IDEA :

  TO DO LIST :

                                NOTE :

LA GRATITUD

LO

CAMBIA

TODO

#sueltayconfía

2022

febrero

Mo	Tu	We	Th	Fr	Sa	Su
	1	2	3	4	5	6
7	8	9	10	11	12	13
14	15	16	17	18	19	20
21	22	23	24	25	26	27
28						

FEBRERO

La gratitud lo cambia todo ...
La gratitud expande tu conciencia.
La gratitud mejora tu salud física.
La gratitud mejora tu salud emocional.
La gratitud te hace más empática.
Te lleva a las estrellas y con ellas volar,
libre hacia el infinito y a los demás querer ayudar.

La gratitud es medicina para el alma.
La gratitud reduce la agresión.
La gratitud es un arma para la violencia.
La gratitud es una puerta hacia los dones de tu corazón.
La gratitud estimula tu rendimiento, dormirás mejor.
La gratitud cambia la biología de tu cerebro.
La gratitud reduce el dolor.
Te sentirás con energía de la buena y con mucho amor.

Si quieres cambiar tu vida, ¡agradece! Haz una lista de 10 motivos para agradecer.

Tu piedra mágica. Realiza una lista de sueños y busca un objeto pequeño que lleves como amuleto para lograrlos.

Sácate una foto en un lugar que te sientas plena y agradecida.

Pega tu foto aqui

WEEKLY PLANNER

SUNDAY	MONDAY	TUESDAY

WEDNESDAY	THURSDAY	FRIDAY

SATURDAY	NOTE :

WEEKLY PLANNER

SUNDAY

MONDAY

TUESDAY

WEDNESDAY

THURSDAY

FRIDAY

SATURDAY

NOTE :

WEEKLY PLANNER

SUNDAY	MONDAY	TUESDAY

WEDNESDAY	THURSDAY	FRIDAY

SATURDAY	NOTE :

WEEKLY PLANNER

SUNDAY

MONDAY

TUESDAY

WEDNESDAY

THURSDAY

FRIDAY

SATURDAY

NOTE :

WEEKLY PLANNER

SUNDAY	MONDAY	TUESDAY

WEDNESDAY	THURSDAY	FRIDAY

SATURDAY	NOTE :

DATE :   GOAL :

PRIORITIES :

                                IDEA :

TO DO LIST :

                                NOTE :

nunca dejes que tu

miedo decida tu **destino**

#quenadatelimite

2022

marzo

Mo	Tu	We	Th	Fr	Sa	Su
	1	2	3	4	5	6
7	8	9	10	11	12	13
14	15	16	17	18	19	20
21	22	23	24	25	26	27
28	29	30	31			

MARZO

No permitas que tus miedos decidan tu destino...
Los miedos te detienen,
los miedos te controlan,
los miedos son poderosos,
los miedos pueden destruir tu espíritu
y tener un impacto negativo en tu vida.

Una cabeza llena de miedos
no tiene espacio para tus sueños.
No te empujan hacia adelante,
así que tienes dos opciones:
Controlarlos o que te guíen hacia al vacío.
Usa tus miedos para que te motives.
Arriésgate y haz lo que anhelas.
Toma los riesgos con miedo o sin ellos.
Intenta algo nuevo.
Sé responsable y declara:
"Mis miedos hoy son mi ancla".

¿Cuál es tu mayor miedo?

El miedo es una de las emociones que experimenta una persona en algún momento de su vida. Evitar el miedo, no te impedirá seguir adelante, lamentablemente, produce más ansiedad. Toma un espacio para ti y busca algo que te agrade hacer. Cuando estés tranquila, intenta explorar el miedo de nuevo. ¿Pudiste abordar tu miedo? ¿Cómo fue la experiencia?

_____

_____

_____

_____

_____

_____

_____

_____

_____

_____

_____

_____

El miedo suele hacernos recordar sucesos negativos, lo que refuerza esa sensación de impotencia. Trabaja en buscar lo positivo. ¿Qué puedes hacer para lograr tener una actitud más consciente y auténtica? ¿Para qué es importante asumir el control de lo que quieres con tu vida?

WEEKLY PLANNER

SUNDAY	MONDAY	TUESDAY

WEDNESDAY	THURSDAY	FRIDAY

SATURDAY	NOTE :

WEEKLY PLANNER

SUNDAY	MONDAY	TUESDAY

WEDNESDAY	THURSDAY	FRIDAY

SATURDAY	NOTE :

WEEKLY PLANNER

SUNDAY	MONDAY	TUESDAY

WEDNESDAY	THURSDAY	FRIDAY

SATURDAY	NOTE :

WEEKLY PLANNER

SUNDAY	MONDAY	TUESDAY

WEDNESDAY	THURSDAY	FRIDAY

SATURDAY	NOTE :

WEEKLY PLANNER

SUNDAY	MONDAY	TUESDAY

WEDNESDAY	THURSDAY	FRIDAY

SATURDAY	NOTE :
	_____
	_____
	_____
	_____

DATE :

PRIORITIES :

GOAL :

IDEA :

TO DO LIST :

NOTE :

Como te
hables a ti
misma

importa

#usalenguajeamable

2022

abril

Mo	Tu	We	Th	Fr	Sa	Su
				1	2	3
4	5	6	7	8	9	10
11	12	13	14	15	16	17
18	19	20	21	22	23	24
25	26	27	28	29	30	

ABRIL

Como te hables a ti misma, IMPORTA...
Ese diálogo interior,
no te enjuicies, no te lastimes,
cree de ti, lo mejor.

Como te hables a ti misma, IMPORTA...
Esa voz de tu cabeza,
a la que le hablas por tantas horas,
apóyala y motívala a quererte.
No la dejes sola.

Como te hables a ti misma, IMPORTA...
Acepta los retos.
Abandona un poco el perfeccionismo.
Trátate con amor y respeto.
Si te caes, siempre puedes levantarte.
Prioriza y no abandones tus proyectos.

¿Qué metas quieres lograr?

¿Qué hábitos negativos quieres eliminar?

Haz una lista de tus cualidades

WEEKLY PLANNER

SUNDAY	MONDAY	TUESDAY

WEDNESDAY	THURSDAY	FRIDAY

SATURDAY	NOTE :

WEEKLY PLANNER

SUNDAY	MONDAY	TUESDAY

WEDNESDAY	THURSDAY	FRIDAY

SATURDAY	NOTE :

WEEKLY PLANNER

SUNDAY

MONDAY

TUESDAY

WEDNESDAY

THURSDAY

FRIDAY

SATURDAY

NOTE :

WEEKLY PLANNER

SUNDAY	MONDAY	TUESDAY

WEDNESDAY	THURSDAY	FRIDAY

SATURDAY	NOTE :

WEEKLY PLANNER

SUNDAY	MONDAY	TUESDAY

WEDNESDAY	THURSDAY	FRIDAY

SATURDAY	NOTE :

DATE :

PRIORITIES :

TO DO LIST :

GOAL :

IDEA :

NOTE :

Sé tú.
Sólo tú.
Para ti.

#compasión
#valentía
#autocuidado

2022

mayo

Mo	Tu	We	Th	Fr	Sa	Su
						1
2	3	4	5	6	7	8
9	10	11	12	13	14	15
16	17	18	19	20	21	22
23	24	25	26	27	28	29
30	31					

MAYO

Sé tú
Sólo tú
Para ti...

Ten la capacidad para luchar por tus metas.
Haz que tu camino sea satisfactorio para ti.
La vida es más simple y menos pesada
cuando decides sobrepasar lo que te hace infeliz.

Sé tú
Sólo tú
Para ti...

Abre tus alas, déjate sentir.
Que tus problemas no se conviertan en un impedimento,
¡pide ayuda, si es lo mejor para seguir!
Si lo olvidaste, tú eres la fuerza inspiradora.
Elige hacia dónde quieres ir.

Sé tú
Sólo tú
Para ti...

¡Eres valiosa! ¡Eres auténtica! ¡Lo tienes todo! ¡Voy a ti!

¿Te has regalado flores? Cómprate tus flores favoritas y postea una foto en tus redes con el *hashtag* #meregaloflores.

Pega tu foto aqui

Escribe una carta para ti. ¿Qué tienes que decirte?

Hoy te invito a que este mes te lo dediques especialmente para ti, a hacerte feliz.
¿Qué hiciste?

_____

_____

_____

_____

_____

_____

_____

_____

_____

_____

_____

_____

_____

_____

WEEKLY PLANNER

SUNDAY	MONDAY	TUESDAY

WEDNESDAY	THURSDAY	FRIDAY

SATURDAY	NOTE :

WEEKLY PLANNER

SUNDAY	MONDAY	TUESDAY

WEDNESDAY	THURSDAY	FRIDAY

SATURDAY	NOTE :

WEEKLY PLANNER

SUNDAY	MONDAY	TUESDAY

WEDNESDAY	THURSDAY	FRIDAY

SATURDAY	NOTE :

WEEKLY PLANNER

SUNDAY	MONDAY	TUESDAY

WEDNESDAY	THURSDAY	FRIDAY

SATURDAY	NOTE :

WEEKLY PLANNER

SUNDAY	MONDAY	TUESDAY

WEDNESDAY	THURSDAY	FRIDAY

SATURDAY	NOTE :
	_____
	_____
	_____
	_____

DATE :

GOAL :

PRIORITIES :

IDEA :

TO DO LIST :

NOTE :

LA VIDA ES

mejor cuando sonríes

#eresmásfuertequeayer

2022

junio

Mo	Tu	We	Th	Fr	Sa	Su
		1	2	3	4	5
6	7	8	9	10	11	12
13	14	15	16	17	18	19
20	21	22	23	24	25	26
27	28	29	30			

JUNIO

La vida es mejor cuando sonríes...
La sonrisa ilumina el rostro.
La sonrisa es luz.
La sonrisa embellece, es bueno.
La sonrisa es contagiosa.
La sonrisa es algo natural.

Si quieres mejorar tu humor, sonríe.
Si quieres reducir el estrés, sonríe.
Si quieres ayudar a tu corazón, sonríe.
Si quieres enfermarte menos, sonríe.
Si quieres superar el miedo, sonríe.
Si quieres tener buena suerte, sonríe.
Si quieres vivir más, ¡sonríe!

Una sonrisa significa mucho, no la borres de tu boca...
porque es más fácil obtener lo que quieres con una expresión
maravillosa.

Te invito a llenar el mundo de sonrisas. Por un día sonríe a cada persona que te encuentres. ¿Cómo fue la experiencia?

_____

_____

_____

_____

_____

_____

_____

_____

_____

_____

_____

_____

_____

_____

La risa espontánea y sincera libera endorfina, serotonina y dopamina, hormonas que se relacionan con la reducción del dolor y que fortalecen tu sistema inmunológico. Sonríe por un minuto frente al espejo y luego escribe un poema llamado: "Sonrío".

María Teresa de Calcuta dijo: "La paz comienza con una sonrisa". ¿Piensas lo mismo?

_____

_____

_____

_____

_____

_____

_____

_____

_____

_____

_____

_____

_____

WEEKLY PLANNER

SUNDAY	MONDAY	TUESDAY

WEDNESDAY	THURSDAY	FRIDAY

SATURDAY	NOTE :

WEEKLY PLANNER

SUNDAY	MONDAY	TUESDAY

WEDNESDAY	THURSDAY	FRIDAY

SATURDAY	NOTE :

WEEKLY PLANNER

SUNDAY	MONDAY	TUESDAY

WEDNESDAY	THURSDAY	FRIDAY

SATURDAY	NOTE :

WEEKLY PLANNER

SUNDAY	MONDAY	TUESDAY

WEDNESDAY	THURSDAY	FRIDAY

SATURDAY	NOTE :

WEEKLY PLANNER

SUNDAY	MONDAY	TUESDAY

WEDNESDAY	THURSDAY	FRIDAY

SATURDAY	NOTE :

DATE :

PRIORITIES :

GOAL :

IDEA :

TO DO LIST :

NOTE :

Confía y ve en la dirección que tu intuición te guíe

#recibelamagiadetumente

2022

julio

Mo	Tu	We	Th	Fr	Sa	Su
				1	2	3
4	5	6	7	8	9	10
11	12	13	14	15	16	17
18	19	20	21	22	23	24
25	26	27	28	29	30	31

JULIO

Confía y ve en la dirección
que tu intuición te guíe...
Saldrás victoriosa.
Lograrás lo que quieras.
Brillarás como siempre lo imaginaste.
Tu intuición es tu amiga más honesta.
Reconoce esas huellas,
descubre el tesoro,
es tu secreto mejor guardado,
es algo mágico, con eso se nace.

La intuición es más que una corazonada.
La intuición es sabiduría.
La intuición es la respuesta exacta a cualquier situación,
simplemente síguela y actúa con o sin razón.

¿Le haces caso a tu intuición? ¿Sí o no? Explica.

Encuentra un rincón de paz donde puedas reflexionar sobre ti, de todo lo que has logrado hasta el momento. ¿Cómo fue la experiencia?

_____

_____

_____

_____

_____

_____

_____

_____

_____

_____

_____

_____

_____

_____

Visualizar tiene un impulso enorme para desarrollar la intuición. Cierra los ojos y respira con suavidad. Te invito a que visualices un lugar donde encuentres calma y protección. Obsérvalo con detenimiento. ¿Dónde estás? Describe sin perder ningún detalle.

WEEKLY PLANNER

SUNDAY	MONDAY	TUESDAY

WEDNESDAY	THURSDAY	FRIDAY

SATURDAY	NOTE :

WEEKLY PLANNER

SUNDAY	MONDAY	TUESDAY

WEDNESDAY	THURSDAY	FRIDAY

SATURDAY	NOTE :

WEEKLY PLANNER

SUNDAY	MONDAY	TUESDAY

WEDNESDAY	THURSDAY	FRIDAY

SATURDAY	NOTE :

WEEKLY PLANNER

SUNDAY	MONDAY	TUESDAY

WEDNESDAY	THURSDAY	FRIDAY

SATURDAY	NOTE :

WEEKLY PLANNER

SUNDAY	MONDAY	TUESDAY

WEDNESDAY	THURSDAY	FRIDAY

SATURDAY	NOTE :

DATE :

PRIORITIES :

TO DO LIST :

GOAL :

IDEA :

NOTE :

NO DEJES QUE
LA DESCONFIANZA
TE GANE

#vive
#aprende
#emprende

2022

agosto

Mo	Tu	We	Th	Fr	Sa	Su
1	2	3	4	5	6	7
8	9	10	11	12	13	14
15	16	17	18	19	20	21
22	23	24	25	26	27	28
29	30	31				

AGOSTO

No dejes que la desconfianza te gane...
Cree con ligereza,
a veces, con torpeza,
cree en el canto del pájaro,
en la gracia de un niño,
en un fuerte abrazo,
en tu caminar, en tu destino.
Elimina los conflictos,
reconcíliate, aunque sea contigo.
Atrévete a creer,
la confianza es silenciosa,
vital para tu salud,
para llegar a la cima,
para gritar, ¡soy vencedora!
No dejes que la desconfianza te gane...
¡pon manos a la obra!

Hoy te invito a hablar con una persona desconocida. Sal de tu zona cómoda.
Puedes preguntarle por una dirección o la hora. ¿Cómo fuel la experiencia?

Organiza un viaje en solitario. Escoge a dónde quieres ir o qué quieres hacer. ¿Qué hiciste? ¿Cómo fue la experiencia?

La confianza es uno de los pilares para amarte a ti y a los demás. ¿Eres confiada o desconfiada? ¿Qué debes hacer para confiar más en ti y tener la vida que te mereces?

_____

_____

_____

_____

_____

_____

_____

_____

_____

_____

_____

_____

_____

_____

WEEKLY PLANNER

SUNDAY	MONDAY	TUESDAY

WEDNESDAY	THURSDAY	FRIDAY

SATURDAY	NOTE :
	_____
	_____
	_____
	_____

WEEKLY PLANNER

SUNDAY	MONDAY	TUESDAY

WEDNESDAY	THURSDAY	FRIDAY

SATURDAY	NOTE :

WEEKLY PLANNER

SUNDAY	MONDAY	TUESDAY

WEDNESDAY	THURSDAY	FRIDAY

SATURDAY	NOTE :

WEEKLY PLANNER

SUNDAY	MONDAY	TUESDAY

WEDNESDAY	THURSDAY	FRIDAY

SATURDAY	NOTE :

WEEKLY PLANNER

SUNDAY	MONDAY	TUESDAY

WEDNESDAY	THURSDAY	FRIDAY

SATURDAY	NOTE :

DATE :

PRIORITIES :

GOAL :

IDEA :

TO DO LIST :

NOTE :

VALORA TUS

bendiciones

#inspiracontuhistoria

2022

septiembre

Mo	Tu	We	Th	Fr	Sa	Su
			1	2	3	4
5	6	7	8	9	10	11
12	13	14	15	16	17	18
19	20	21	22	23	24	25
26	27	28	29	30		

SEPTIEMBRE

Valora tus bendiciones...
Reconoce tu bondad.
Tu misericordia.
¡Perdónate, perdona!

Valora tus bendiciones...
Que tu actitud refleje solidaridad,
amor, respeto y coraje.
Mantén tu fe, la esperanza,
y verás como el éxito atraes.

Valora tus bendiciones...
La justicia, la verdad y la paz
prevalecen en un mundo complicado.
Todo es a su tiempo,
solo debes sentir el llamado.

Enumera tus bendiciones. Escribe todas las que recuerdes.

Reserva 7 noches antes de acostarte y escribe 3 eventos importantes de cada día.

Hoy te invito a inspirar con tu historia. ¿Qué cambios hiciste o debes hacer para que sean una inspiración para ti y los demás?

WEEKLY PLANNER

SUNDAY	MONDAY	TUESDAY

WEDNESDAY	THURSDAY	FRIDAY

SATURDAY	NOTE :

WEEKLY PLANNER

SUNDAY	MONDAY	TUESDAY

WEDNESDAY	THURSDAY	FRIDAY

SATURDAY	NOTE :
	_____
	_____
	_____
	_____

WEEKLY PLANNER

SUNDAY	MONDAY	TUESDAY

WEDNESDAY	THURSDAY	FRIDAY

SATURDAY	NOTE :

WEEKLY PLANNER

SUNDAY	MONDAY	TUESDAY

WEDNESDAY	THURSDAY	FRIDAY

SATURDAY	NOTE :

WEEKLY PLANNER

SUNDAY	MONDAY	TUESDAY

WEDNESDAY	THURSDAY	FRIDAY

SATURDAY	NOTE :

DATE :

PRIORITIES :

GOAL :

IDEA :

TO DO LIST :

NOTE :

Club del Amor Propio

#respétate
#acéptate
#valórate

2022

octubre

Mo	Tu	We	Th	Fr	Sa	Su
					1	2
3	4	5	6	7	8	9
10	11	12	13	14	15	16
17	18	19	20	21	22	23
24	25	26	27	28	29	30
31						

OCTUBRE

Club de amor propio...
Círculo de mujeres grandiosas,
movimiento de fuerza,
pensamiento de gloria.

Club de amor propio...
lánzate al estrellato
eres la protagonista,
consigue amigas que deseen seguir tus pasos.

Club de amor propio...
lleva al mundo tu amor,
tú no estás sola, los otros tampoco.
Tú eres importante
enseña a ser feliz
y contágiate de tu obra.
Club de amor propio...
para mujeres como tú
que saben manifestar lo que les apasiona.

Club de amor propio...
¡Vive!
¡Aprende!
¡Emprende!
El momento es ahora.

Reúnete con amigas o sé parte de un grupo de mujeres que tengan tu misma visión.
¿Cómo fue la experiencia?

Lleva amor a otros, mientras más amor esparces al mundo, más amor recibirás.
¿Qué harás?

Crea un club de amor propio con tus amigas. ¿Cómo fue la experiencia?

WEEKLY PLANNER

SUNDAY	MONDAY	TUESDAY

WEDNESDAY	THURSDAY	FRIDAY

SATURDAY	NOTE :

WEEKLY PLANNER

SUNDAY	MONDAY	TUESDAY

WEDNESDAY	THURSDAY	FRIDAY

SATURDAY	NOTE :

WEEKLY PLANNER

SUNDAY	MONDAY	TUESDAY

WEDNESDAY	THURSDAY	FRIDAY

SATURDAY	NOTE :

WEEKLY PLANNER

SUNDAY	MONDAY	TUESDAY

WEDNESDAY	THURSDAY	FRIDAY

SATURDAY	NOTE :

WEEKLY PLANNER

SUNDAY	MONDAY	TUESDAY

WEDNESDAY	THURSDAY	FRIDAY

SATURDAY	NOTE :

DATE :

PRIORITIES :

GOAL :

IDEA :

TO DO LIST :

NOTE :

PACIENCIA PLENITUD

PASIÓN

#noabandonestussueños

noviembre

Mo	Tu	We	Th	Fr	Sa	Su
	1	2	3	4	5	6
7	8	9	10	11	12	13
14	15	16	17	18	19	20
21	22	23	24	25	26	27
28	29	30				

NOVIEMBRE

Paciencia/Plenitud/Pasión
Tres palabras que te harán sentir mejor.
Palabras que motivan,
palabras que te llevan a la acción.
Paciencia para lograr tus metas.
Plenitud para manejar el dolor.
Pasión para llevar tus planes a cabo.
Las tres juntas, significan precisión.

Paciencia/Plenitud/Pasión
es lo que necesitas
para escalar
transitar
volar
mejorar
ser capaz
moverte
cambiar
brincar el charco
mojarte los pies
caminar
mirar hacia adelante
soñar.
Porque como dijo Vince Lombardi:
"La diferencia entre una persona exitosa y otros,
no es la fuerza o falta de conocimiento,
sino la fuerza de voluntad".

¿Qué es la paciencia para ti? ¿Para qué la necesitas?

_____

_____

_____

_____

_____

_____

_____

_____

_____

_____

_____

_____

_____

_____

Conocerte es un paso para lograr la plenitud en tu vida. Apunta en un papel tus emociones. ¿Cómo te sientes hoy?

Haz una lista de actividades que te gustaba hacer cuando niña. ¿Cuáles eran tus habilidades? ¿Qué puedes añadir de tu infancia que te ayude a conectar con tu pasión?

WEEKLY PLANNER

SUNDAY	MONDAY	TUESDAY

WEDNESDAY	THURSDAY	FRIDAY

SATURDAY	NOTE :

WEEKLY PLANNER

SUNDAY	MONDAY	TUESDAY

WEDNESDAY	THURSDAY	FRIDAY

SATURDAY	NOTE :
	_____
	_____
	_____
	_____

WEEKLY PLANNER

SUNDAY	MONDAY	TUESDAY

WEDNESDAY	THURSDAY	FRIDAY

SATURDAY	NOTE :

WEEKLY PLANNER

SUNDAY	MONDAY	TUESDAY

WEDNESDAY	THURSDAY	FRIDAY

SATURDAY	NOTE :

WEEKLY PLANNER

SUNDAY	MONDAY	TUESDAY

WEDNESDAY	THURSDAY	FRIDAY

SATURDAY	NOTE :

DATE :

PRIORITIES :

GOAL :

IDEA :

TO DO LIST :

NOTE :

Vive con propósito

#creenti

diciembre

Mo	Tu	We	Th	Fr	Sa	Su
			1	2	3	4
5	6	7	8	9	10	11
12	13	14	15	16	17	18
19	20	21	22	23	24	25
26	27	28	29	30	31	

DICIEMBRE

Vive con propósito...
Contempla la luna, como tú ninguna.
No te sientas culpable, si cometiste un error
errores cometemos todos
del cielo llegará la bendición.
Vive con propósito
es momento de celebrar tus logros.
Vive con propósito
siéntete orgullosa, impulsa tu voz.
No te quedes en silencio
no le tengas miedo a las tormentas.
Navega con precisión tu barco.
El futuro te pertenece
trabaja para lograrlo.
Tu voluntad viene del alma.
¡Quiérete!
Es un acto revolucionario
libre y sin atajos.
Tú puedes, te lo mereces.
Vive con propósito
lucha para ti, por todas.
Escribe tu historia, eres una guerrera
sin ti no hay victoria.

¡Culminaste tu año! ¡Felicidades! ¿Cuáles fueron tus logros más importantes?

_____

_____

_____

_____

_____

_____

_____

_____

_____

_____

_____

_____

_____

_____

¿Qué se te quedó por hacer?

Hoy te invito a que celebres este gran año y el que está próximo a llegar. Escribe cómo te sientes de tener un año espectacular, aún con sus altas y bajas. Recuerda que tú eres un sol y siempre te tocará brillar.

WEEKLY PLANNER

SUNDAY	MONDAY	TUESDAY

WEDNESDAY	THURSDAY	FRIDAY

SATURDAY	NOTE :

WEEKLY PLANNER

SUNDAY	MONDAY	TUESDAY

WEDNESDAY	THURSDAY	FRIDAY

SATURDAY	NOTE :
	_____
	_____
	_____
	_____

WEEKLY PLANNER

SUNDAY	MONDAY	TUESDAY

WEDNESDAY	THURSDAY	FRIDAY

SATURDAY	NOTE :

WEEKLY PLANNER

SUNDAY	MONDAY	TUESDAY

WEDNESDAY	THURSDAY	FRIDAY

SATURDAY	NOTE :

WEEKLY PLANNER

SUNDAY

MONDAY

TUESDAY

WEDNESDAY

THURSDAY

FRIDAY

SATURDAY

NOTE :

DATE :

GOAL :

PRIORITIES :

IDEA :

TO DO LIST :

NOTE :

Redes Sociales de la Dra. Yarissa Tolentino

Facebook: Dra. Yarissa Tolentino
Instagram: drayarissa

Made in the USA
Columbia, SC
25 November 2021

49688416R00128